AF509802

LETTRES APOSTOLIQUES

POUR LA

BÉATIFICATION DU VÉNÉRABLE

J.-B. de la Salle

DONNÉES PAR

S. S. le Pape Léon XIII

LA BÉATIFICATION

DE

J.-B. DE LA SALLE

Ed.G.
REGLES
ET
CONSTITUTIONS
DES
FRERES DES ECOLES
CHRETIENNES
J.B. DE LA SALLE

LETTRES APOSTOLIQUES

EN FORME DE BREF

POUR LA BÉATIFICATION

DU SERVITEUR DE DIEU

J.-B. DE LA SALLE

FONDATEUR

DE LA CONGRÉGATION DES FRÈRES DES ÉCOLES CHRÉTIENNES

DONNÉES PAR N. T. S. P.

LE PAPE LÉON XIII

PARIS

A LA PROCURE GÉNÉRALE DES FRÈRES

27, RUE OUDINOT, 27

1888

LÉON XIII, PAPE

Quelle fonction éminente exercent, et quelle insigne couronne de gloire éternelle recevront, un jour, ces hommes qui portent la lumière de la doctrine du salut aux simples et aux ignorants, pour les introduire dans le chemin de la vie et de la vérité, les Écritures divines nous le font bien voir, en les exaltant par cet éloge : « Ceux qui enseignent à plusieurs la voie de la justice brilleront comme des étoiles dans toute l'éternité » Daniel, xii, 3). Mais cette couronne paraît particulièrement assurée à ceux qui, sacrifiant les intérêts humains, consacrent tout leur soin et leurs efforts à initier, dès l'enfance, les âmes chrétiennes à la doctrine évangélique et à ces célestes préceptes qui conduisent directement à la vie.

Parmi ces fidèles ouvriers de Jésus-Christ, Jean-Baptiste de la Salle se fit remarquer, d'une manière admirable, au dix-septième siècle. Dieu, dans sa Providence, voulut le susciter à cette époque dans son Église, afin que, par lui, au moment même où les erreurs de Jansénius, largement répandues, se propa-

geaient en France, l'intégrité de la foi et l'héritage de
la sagesse chrétienne fussent maintenus dans le cœur
de la jeunesse.

Il naquit à Reims, en France, l'an du Seigneur 1651,
de Louis et Nicole Moët, qui faisaient consister l'honneur de leur maison bien plus dans la piété que dans
la noblesse de leur race. Petit enfant, il fit concevoir
de bonnes espérances et montra pour la vertu de mer-
veilleuses dispositions naturelles, qui, loin de s'affai-
blir jamais, s'affermirent chaque jour davantage, grâce
surtout à ses parents, qui n'eussent pas facilement
consenti à laisser la nature s'affranchir de la discipline. Aussi il n'y a rien d'étonnant si Jean-Baptiste
appliqua de bonne heure son cœur aux pratiques de la
piété, si dès ses plus tendres années il n'eut que du
dégoût pour les bagatelles et les frivolités qui consti-
tuent, d'ordinaire, le plus grand plaisir de l'enfance,
et s'il fit, au contraire, ses délices des vies et des his-
toires des saints. Né pour la sainteté, cet enfant sembla,
dès lors, mettre tout son zèle à chercher quelque grand
modèle qu'il pût se proposer d'imiter. Sa conduite,
cependant, aidait au perfectionnement de ses qualités
naturelles : obéissance à ses parents, telle qu'ils ne
purent jamais lui adresser le moindre reproche ; éloi-
gnement des compagnies et des jeux dangereux ;
fréquentation assidue de l'église, où, non content
d'assister au divin sacrifice, il aimait à servir le prêtre
dans la célébration des saints mystères ; accomplisse-

ment, en un mot, de tous ses pieux devoirs avec une dévotion telle qu'il était un modèle pour tous.

Quand l'âge le lui permit, il commença à fréquenter les écoles, où il donna les preuves les plus frappantes des qualités de son cœur et de son esprit. Il ne s'appliqua pas moins, en effet, à acquérir les vertus qu'à étudier les lettres, et il y mit tant de zèle et d'intelligence, qu'il brilla, comme un modèle, aux yeux de ses condisciples, et dépassa de beaucoup l'attente de ses maîtres. Au sortir de l'enfance, se sentant poussé vers le sacerdoce comme par un instinct divin, il demanda, avec l'autorisation de ses parents, et obtint de l'archevêque de Reims, d'être admis au nombre des clercs. Comprenant dès lors parfaitement les obligations qu'entraîne cette vocation à l'héritage du Seigneur, il embrassa un genre de vie où chacun put voir comme l'annonce de la singulière perfection de vertu qu'il devait atteindre dans la suite. A quel point le fit estimer une vie si saintement réglée, on peut le conjecturer de ce fait, qu'un archidiacre, voulant se démettre du bénéfice dont il jouissait dans l'église métropolitaine avec le titre de chanoine, fit spontanément choix de Jean-Baptiste pour le résigner en sa faveur. Or, il ne se trompait pas sur ce jeune homme, car, dès que celui-ci fut admis au nombre des chanoines, il se montra si attentif à ses devoirs, qu'il devint l'ornement et le modèle de ses collègues.

Cependant, son cours de belles-lettres étant achevé,

il se livra avec ardeur à l'étude de sciences plus aus-
tères. Il remporta, en effet, dans l'Académie de Reims,
la palme de la philosophie avec les plus grands éloges
pour son talent ; puis, dans son désir de s'adonner à
la théologie, il partit pour Paris après en avoir obtenu
l'autorisation, et là, dans le séminaire si florissant de
Saint-Sulpice, comme dans une très noble école de
vertu et de science, son mérite fit bientôt de lui l'émule
des meilleurs. Il est facile, à coup sûr, de juger avec
quelle ardeur un esprit si sérieux et si désireux d'ap-
prendre s'appliqua à l'étude de la théologie et des
Saintes Lettres, et avec quelle avidité il puisa la sagesse à ces divines sources. Aussi rentra-t-il à Reims,
sa patrie, enrichi d'un grand fonds de doctrine, et
c'est là que, âgé environ de vingt-sept ans, la veille
du jour de Pâques, il fut initié au sacerdoce.

Dès ce moment, considérant en lui-même qu'il ne
s'appartenait plus, mais qu'il était devenu comme la
propriété et la chose de Dieu, il résolut de se livrer
tout entier, de se dévouer sans mesure à la gloire de
Dieu et au salut du prochain. C'est pourquoi il n'est
aucun travail que son amour pour Dieu lui permette
de refuser, aucune fonction du saint ministère dont ce
prêtre récemment ordonné ne s'acquitte avec autant
de perfection que de zèle. On le voit déployer toute
son activité pour développer le culte divin ; multi-
plier ses prédications au peuple sur les vérités de la
foi catholique ; veiller sans cesse pour préserver de

la contagion des jansénistes les autres chrétiens ;
administrer assidûment le sacrement de pénitence,
dont rien n'égale pour les hommes la vertu salutaire ;
enfin visiter les malades, consoler les malheureux,
aider chaque jour le prochain, selon les circonstances,
par ses conseils et ses secours. Et parce qu'il était
bien convaincu que le peuple a les yeux fixés sur les
prêtres comme sur des miroirs, et que leurs mœurs
ont plus d'efficacité sur sa conduite que leurs préceptes, il s'étudia à se montrer tel qu'autrefois saint
Paul voulait que parût Tite : « En toutes choses,
montre-toi un modèle de bonnes œuvres, dans la doctrine, dans l'intégrité, dans la sagesse. »

Mais la vertu dans laquelle Jean-Baptiste excella
surtout, qui fut sa gloire singulière, et qui, parmi
toutes les autres, jeta dans sa personne un merveil-
leux éclat, ce fut cette parfaite égalité d'âme qui
s'unissait en lui à une constance et une fermeté
presque incroyables. De là vient que, plus tard, dans
l'accomplissement du ministère que Dieu lui avait
assigné, il supporta avec calme et patience toutes les
adversités, et ne se laissa jamais détourner par les
grandes difficultés qu'il rencontra fréquemment.

Mais la divine Providence offrit bientôt à cet homme
très pieux l'occasion de mettre la main à une œuvre
qui devait procurer d'innombrables bienfaits à la ré-
publique chrétienne et à la société civile, et consacrer
pour la postérité la gloire de son nom. En effet, comme

il était préposé à quelques écoles destinées à l'éducation des jeunes filles d'abord, puis des jeunes garçons pauvres, œuvre ébauchée plutôt qu'établie, son intelligence du salut des âmes vit bientôt et comprit parfaitement de quelle utilité ces écoles pourraient être pour le peuple, si elles étaient dirigées, selon des principes et des règlements bien déterminés, par des hommes voués au service de Dieu et uniquement appliqués à ce soin. Dans cette vue, ayant imploré le secours de Dieu, auteur de tout dessein parfait, il forma le projet et la résolution d'instituer une société de maîtres destinés à enseigner aux enfants, à ceux du peuple surtout, la religion, les bonnes mœurs et les premiers éléments des lettres.

Sans retard, il veut que sa propre maison devienne le premier berceau de l'œuvre, et que les maîtres y viennent faire le noviciat de cette piété et de cette discipline qu'ils devront ensuite, envoyés au loin, communiquer aux enfants.

Il choisit donc, pour les former à sa méthode d'enseignement, quelques jeunes gens de bonne espérance, nourris déjà de ses leçons, et, le 24 juin 1681, il ouvrit, sous les auspices et la bénédiction de Dieu, sa maison-mère.

L'ennemi du genre humain, comme s'il avait pressenti l'avenir, s'opposa vivement à ces projets et entreprises ; mais Jean-Baptiste ne se laissa ni ébranler ni détourner de sa résolution et de l'œuvre com-

mencée. Bien au contraire, comme la réputation de la
Congrégation naissante commençait à se répandre et
lui amenait un grand nombre de jeunes gens désireux
de se mettre sous la conduite du saint homme, il
augmenta le nombre de ses disciples et établit dans
une maison plus vaste le siège fixe de son Institut.
La société civile n'attendit pas longtemps les fruits
abondants et excellents de cette œuvre. En effet, un
petit nombre d'années étaient à peine écoulées, que,
déjà suffisamment initiés à la méthode d'instruire les
enfants, ces jeunes gens ouvrirent non seulement à
Reims, mais aussi dans d'autres villes de France,
des écoles où ils appliquèrent les règles qui leur
avaient été enseignées. Quant à lui, en homme sage,
pour se donner tout entier à l'éducation chrétienne
des enfants, il abandonna tout soin et toute préoc-
cupation des choses humaines, et prenant pour lui-
même cette sentence de l'Évangile : « Ne possédez
ni or, ni argent, ni monnaie dans vos ceintures, »
il vendit tous ses biens, dispersa, donna aux pauvres
tout ce qu'il avait retiré d'argent, et constitua la
pauvreté alliée et compagne de sa personne et de
sa Congrégation. Mais plus Jean-Baptiste s'était
dépouillé des biens terrestres, plus les dons de la
bonté divine lui vinrent en abondance. Délivré, en
effet, de tout embarras, il conçut en son âme une
charité plus ardente, il s'enflamma d'un zèle plus grand
pour la pratique des vertus, et il ne dirigea pas seul

ses efforts vers ce but, mais encore il stimula ses disciples par son exemple. Ensuite, comme il voulait que leur règle de vie ainsi que la méthode de direction des écoles fussent nettement déterminées et bien établies, il formula des lois exactement conformes aux préceptes de l'Évangile, lesquelles furent auparavant approuvées par l'autorité et le jugement d'hommes sages, et, dans la suite, largement confirmées par l'expérience et le succès. Mais, s'il voulait que les enfants fussent instruits avec le plus grand soin des éléments des lettres, il n'eut rien plus à cœur ni plus constamment présent à la pensée que de faire briller à ces tendres âmes, par le moyen de la doctrine chrétienne, la lumière de la vérité évangélique. L'on sait quels fruits abondants ont répondu aux soins, aux travaux si nombreux et si grands de cet homme infatigable.

Cependant, depuis longtemps déjà, avait pénétré dans son âme l'ardent désir de faire participer la France entière à ces bienfaits et à ces fruits ; et c'est pourquoi, non sans un dessein providentiel de Dieu, il se rendit à Paris avec deux de ses disciples. Il s'était à peine mis à l'œuvre, qu'une tempête de vexations se souleva contre lui, tellement soudaine, tellement furieuse, qu'on peut à peine y croire, et les Jansénistes s'emportèrent contre lui à des excès inimaginables d'outrage et de méchanceté.

Il arriva de plus qu'au début de cette institution toute dans l'intérêt de l'enfance, de graves difficultés vinrent de ceux mêmes de qui l'on devait le moins s'y attendre. Lui, cependant, bafoué, poursuivi par l'injustice, voué à la honte par la calomnie, traîné devant les tribunaux, condamné à l'amende, devenu le jouet de l'insolence et de la grossièreté des maîtres d'école, il endura tout, il dévora tout, avec un courage aussi calme qu'invincible.

Nul doute que les liens particulièrement intimes qui l'attachaient à l'Église romaine l'exposèrent souvent aux graves attaques et à la haine des méchants. Mais, comprenant bien que, comme la sève monte de la racine aux branches, c'est de la chaire de Pierre que découle pour toutes les institutions chrétiennes le principe de vie et de fécondité, il se recommanda, lui et sa Congrégation, à la protection des Pontifes romains. Nous en avons un éclatant témoignage dans la députation qu'il envoya à Notre prédécesseur Clément XI, pour rendre hommage à sa personne, exposer le dessein de son Institut, ouvrir une école dans Rome et soumettre ses règles à l'autorité du Souverain Pontife.

Cependant, pensant avoir suffisamment pourvu à la protection et à la conservation de son œuvre, il résolut de se démettre du gouvernement de sa Congrégation, ce qu'il avait essayé déjà plusieurs fois, suivant l'inspiration de sa profonde humilité. Et il s'y prit avec tant d'habileté, qu'il arriva au but de ses désirs, et que celui qui avait été le fondateur et supérieur de la Congrégation eut réellement à obéir aux ordres de ses disciples. Néanmoins, comme il lui restait encore une autorité considérable, il en fit usage de telle sorte qu'il ne lui en revint aucun avantage, tandis que toutes les difficultés, tous les travaux, les tracasseries et les tempêtes qui ne tardèrent pas à se soulever, retombèrent entièrement sur lui. Soutenu par sa confiance en Dieu et par le témoignage de sa conscience, tandis que l'ouragan sévissait au dehors, il conserva l'égalité de son âme, et, au moment où les épreuves de tout genre le pressaient plus vivement que jamais, il fut atteint de sa dernière maladie, et, au bout de quelques jours, il rendit paisiblement l'esprit.

Sa mort ne tarit pas la source des œuvres salutaires qu'il avait instituées ; cette source, au contraire, coule toujours, et ses eaux, distribuées comme par plusieurs ruisseaux à travers toutes les parties du monde, arrosent abondamment l'Église.

La réputation déjà grande de ses vertus s'accrut encore davantage après sa mort et se répandit au loin. C'est pourquoi, sous Notre prédécesseur d'heureuse mémoire, le Souverain Pontife Pie IX, toutes les formalités requises pour un jugement de cette sorte ayant été remplies, on commença, dans la Congrégation des cardinaux préposés aux rites sacrés, la discussion des vertus par lesquelles le Vénérable Jean-Baptiste de la Salle s'est illustré, et, avec l'assentiment de la même Congrégation, le même Pontife.

Notre prédécesseur, déclara, le 1er novembre 1873, qu'elles avaient atteint le degré de l'héroïcité. Ensuite, on discuta la question des miracles qu'on rapportait avoir été opérés par Dieu, aux prières du Vénérable Jean-Baptiste de la Salle, et, toutes choses ayant été examinées dans un jugement très rigoureux, trois miracles furent admis comme véritables et dûment constatés; c'est pourquoi, Nous-même, le 1er novembre 1887, Nous publiâmes un décret touchant la vérité desdits miracles, et Nous accordâmes de poursuivre la procédure, sans qu'il fût nécessaire de faire des investigations sur un autre miracle. Il restait à demander aux cardinaux de ladite Congrégation, si leur avis était qu'on pouvait en toute sûreté procéder à décerner au Vénérable Jean-Baptiste de la Salle les honneurs des bienheureux; et dans une assemblée générale tenue en Notre présence, le 15 novembre 1887, ils répondirent, avec un accord unanime, qu'on le pouvait en toute sûreté. Nous cependant, Nous différâmes de prononcer Notre jugement dans une affaire de si haute importance, afin de prendre le temps d'implorer par de ferventes prières l'assistance du Père des lumières. C'est après l'avoir fait que, le 27 novembre 1887, Nous prononçâmes, enfin, par un décret solennel, qu'on pouvait procéder en toute sûreté à la béatification solennelle du Vénérable Jean-Baptiste de la Salle. En conséquence, Nous, mû par les prières de toute la Congrégation des Frères des Écoles Chrétiennes, en vertu de Notre autorité apostolique, et par l'effet des présentes Lettres, Nous accordons le droit de donner désormais au même Vénérable Serviteur de Dieu Jean-Baptiste de la Salle le nom de Bienheureux, d'exposer son corps et ce qui reste de lui ou ses reliques à la vénération publique des fidèles, sans toutefois les porter dans les supplications solennelles, et d'orner de rayons ses images.

En outre, toujours en vertu de Notre autorité apostolique, Nous permettons qu'en son honneur on dise chaque année l'Office et la Messe du commun des Confesseurs, avec les oraisons propres approuvées par Nous, selon les rubriques du Missel et du Bréviaire romain. Mais Nous ne permettons cette récitation de l'Office et cette célébration de la Messe que dans les villes et diocèses de Rouen, de Reims et de Paris, ainsi que dans toutes les églises et oratoires des pieuses maisons de la Congrégation des Frères des Ecoles Chrétiennes, pour tous les fidèles qui sont obligés de réciter les heures canoniques, et, en ce qui concerne les Messes, pour tous les prêtres, tant séculiers que réguliers, qui se rendront aux églises dans lesquelles on célèbrera la fête.

Enfin, Nous accordons que la solennité de la béatification du Vénérable Jean-Baptiste de la Salle soit célébrée dans les églises susdites, avec l'Office et la Messe du rite double-majeur, ce que Nous prescrivons de faire, au jour qui sera désigné par les Ordinaires respectifs, dans le cours de cette année, après que la même solennité aura été célébrée, vu les conditions des temps présents, dans la salle supérieure du portique de la basilique Vaticane. Nonobstant les constitutions et ordonnances apostoliques, ainsi que les décrets portés *de non cultu*, et toutes autres choses contraires. Et Nous voulons qu'aux exemplaires, même imprimés, des présentes Lettres, pourvu qu'ils soient signés de la main du secrétaire de la susdite Congrégation et munis du sceau du préfet, on ajoute dans les discussions même judiciaires absolument la même foi qu'à ces présentes Lettres, expression de Notre volonté, si elles étaient montrées.

Donné à Rome, près de Saint-Pierre, sous l'anneau du Pêcheur, le 14 février 1888, la dixième année de Notre Pontificat.

L. ✠ S.

M. Cardinal LEDOCHOWSKI.

LE 4 MAI

Messe *Justus*, du Commun des Confesseurs non Pontifes.

ORAISON

O Dieu, qui, pour donner l'éducation chrétienne aux pauvres, et pour enseigner la science aux petits enfants, avait suscité le Bienheureux Confesseur Jean-Baptiste, et formé par lui, dans l'Église, une nouvelle famille religieuse : accordez, nous vous en supplions, à ceux qui instruisent l'enfance chrétienne, de suivre toujours ses exemples et d'avancer dans la vertu par son intercession. Par Notre-Seigneur.

SECRÈTE

Seigneur, sanctifiez les dons qui vous sont offerts, et faites, par l'intercession du Bienheureux Confesseur Jean-Baptiste, que, remplie de leur fécondité, votre famille reçoive de vos enseignements et de vos grâces un nouvel accroissement. Par Notre-Seigneur.

POSTCOMMUNION

Fortifiés par le céleste festin, nous vous en supplions, Seigneur, faites que, par les mérites du Bienheureux Jean-Baptiste, nous puisions la bonté, la sagesse et la science dans la plénitude de votre Fils Notre-Seigneur Jésus-Christ, qui vit et règne.

DÉCRET

Comme d'après d'anciennes prescriptions et la pratique de la Sacrée Congrégation des Rites, dans les Lettres apostoliques en forme de Bref qui seront expédiées prochainement pour procéder à la cérémonie de la béatification du Vénérable Serviteur de Dieu Jean-Baptiste de la Salle, Fondateur de la Congrégation des Frères des Écoles Chrétiennes, il faut joindre les Oraisons propres que doivent réciter, à l'Office et à la Messe du Commun, en l'honneur du nouveau Bienheureux, tous ceux qui, dans le Bref mentionné, sont autorisés à dire cet Office et à célébrer cette Messe, la même Sacrée Congrégation, usant des pouvoirs à elle spécialement accordés par Notre Très Saint Père le Pape Léon XIII, à l'humble requête du Révérend Frère Robustien, de la Congrégation des Frères des Écoles Chrétiennes, postulateur de la Cause, a bien voulu approuver les susdites Oraisons propres, revues par le R. P. D. Augustin Caprara, promoteur de la Sainte-Foi, et permettre qu'elles soient récitées, après qu'aura été accomplie la cérémonie de la béatification, par tous ceux à qui l'Office et la Messe ont été concédés. Nonobstant toutes choses contraires. Le 9 décembre 1887.

A. Card. BIANCHI,

L. ✠ S.   *préfet de la S. C. des Rites.*

LES BÉATITUDES

BIENHEUREUX CEUX QUI ONT FAIM ET SOIF DE LA JUSTICE.

Couronne de lumière d'Aix-la-Chapelle. XIIᵉ s.

Les anges déroulent une banderole où sont rappelées les huit
promesses faites par Jésus-Christ à ses disciples dans le Sermon
sur la montagne : *Bienheureux les miséricordieux*, etc. — Fresque de
H. Flandrin, dans l'église Saint-Vincent-de-Paul, à Paris.

IMPRIMERIE D. DUMOULIN ET Cie

Rue des Grands-Augustins, 5, à Paris.

DUMOULIN
ET C
PARIS
AGE QUOD AGIS
IMPRIMEURS
PARIS

www.ingramcontent.com/pod-product-compliance
Lightning Source LLC
LaVergne TN
LVHW012113170726
843501LV00008BC/2856